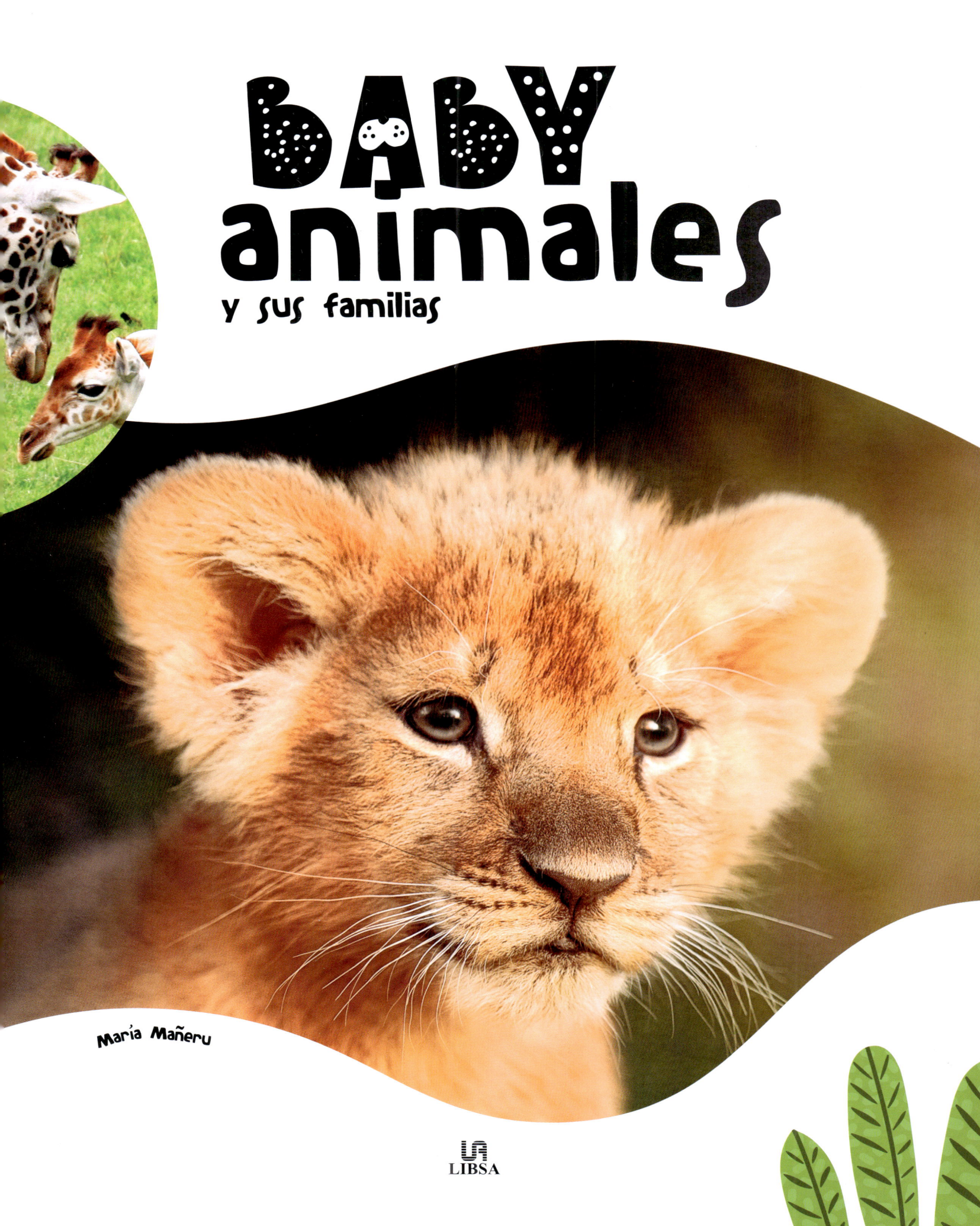

BABY animales
y sus familias

María Mañeru

LIBSA

© 2022, Editorial Libsa
C/ Puerto de Navacerrada, 88
28935 Móstoles (Madrid)
Tel.: (34) 91 657 25 80
e-mail: libsa@libsa.es
www.libsa.es

ISBN: 978-84-662-4061-1

Textos: María Mañeru
Edición: equipo editorial Libsa
Diseño de cubierta: equipo de diseño Libsa
Maquetación: equipo de maquetación Libsa
Fotografías e ilustraciones: Shutterstock Images, Gettyimages y archivo Libsa.

Queda prohibida, salvo excepción prevista en la ley, cualquier forma de reproducción, distribución, comunicación pública y transformación de esta obra sin contar con autorización de los titulares de la propiedad intelectual. La infracción de los derechos mencionados puede ser constitutiva de delito contra la propiedad intelectual (arts. 270 y ss. Código Penal). El Centro Español de Derechos Reprográficos vela por el respeto de los citados derechos.

DL: M 7042-2022

Contenido

Presentación, 4
Jirafa, 6
León, 9
Orangután, 10
Cebra, 12
Suricata, 14
Búho, 16
Ciervo, 19
Erizo, 20
Jabalí, 22
Zorro, 25
Pingüino emperador, 26
Foca, 29
Tortuga marina, 30
Oso polar, 32
Lémur, 34
Koala, 36
Canguro, 38
Perro, 41
Gato, 42
Conejo, 45
Pato, 46
Bebés igual de bonitos... ¡O más!, 48

Presentación

Todos los chiquitines de este libro tienen algo en común: son tan encantadores que querrás llevártelos a casa. Sin embargo, todos ellos y sus familias son muy diferentes entre sí... Y es que existen mamás, papás y bebés para todos los gustos, empezando por el lugar en el que crían a sus hijos.

Sabana, bosque, hielo...

En la sabana africana, las jirafas montan una guardería para cuidar de los bebés en grupo; mamá cebra puede distinguir a su hijito entre todos los demás gracias a su exclusivo código de barras; y papá león podría perder la paciencia con los leoncitos y mostrarse un poco brusco. En el bosque, mamá cierva será muy atenta y cariñosa con su cervatillo y, ¡qué curioso!, en ese mismo bosque, una mamá llena de espinas como la señora erizo puede ser igual de amorosa o más. Lo mismo ocurre incluso en

mitad del hielo, donde mamá
osa polar no permite que sus cachorros pasen frío.

Cada familia es un mundo

Dicen que mamá no hay más que una, pero las hay de todos los tipos: algunas nunca olvidan a sus hijos, como la mamá orangután y otras se desentienden de ellas por completo, como la mamá tortuga marina. Del mismo modo, hay papás que cuidan de su bebé con dedicación, como papá pingüino emperador; otros que cuidan con amor a su pareja, como el papá búho o el papá zorro y algunos tan despreocupados como el papá tigre.

Hay familias muy numerosas, como la de la suricata o la del conejo, y familias que tienen un hijo único, como la foca. Hay familias dormilonas y plácidas como la del koala y otras que no paran quietas, como los saltarines canguros. Hay familias, (como podría ser la tuya) que deciden ser más grandes y adoptar un perrito o un gatito, que a su vez podrá tener su propia familia cuando crezca.

De cualquier manera, los simpáticos bebés de este libro se harán grandes y fuertes gracias a la generosidad y los cuidados de sus familias. Nosotros, la gran familia humana, también debemos cuidar de que estas familias animales con las que compartimos el planeta sigan siendo felices junto a sus adorables bebés.

Jirafa

¿De pequeña no te parece muy alta? ¡Pues verás cuando crezca! Las jirafas son los animales más altos del mundo: más de 5 m, ¡como subir dos pisos!

De hecho, este es un super bebé que nada más nacer ya pesa 100 kg y mide 1,80 m, la altura de un adulto humano normal. Sin embargo, para su mamá es una criatura muy dulce y pequeña a la que amamantará durante un año. Además de grande, es un bebé muy habilidoso que pocas horas después de nacer ya sabe ponerse de pie y corretear.

Las mamás y sus hijitos suelen formar grupos para vivir juntas y ayudarse durante los primeros meses. Para que las pequeñas jirafas no se pierdan, sus mamás las llaman con mugidos (¡como una vaca!). Además, son muy, muy protectoras y pueden defender a sus pequeños dando patadas a cualquier depredador que se acerque.

La manada de jirafas pasea por la sabana y si una mamá tiene que ausentarse un rato para comer o beber, las demás cuidarán de su pequeño como si fuesen sus tías. Las jirafitas crecen muy deprisa: ¡más de 1 m en el primer año! Y con tan solo dos meses, ya empiezan a probar hierbas y hojas, aunque aún se alimenten de leche.

El aspecto de las jirafas bebé es similar al adulto, pero sus cuernecitos terminados en borlas despeluchadas no acaban de formarse hasta unos años después.

Normalmente soy hija única, pero algunas veces nacen jirafas gemelas

Las manchas que tengo en el cuerpo son perfectas para camuflarme... ¡a salvo de depredadores!

Lo más normal es que la camada de leones sea de tres hermanitos, pero podría ser solo uno... ¡O hasta seis pequeñines!

Parezco un dulce gatito, pero cuando crezco soy el rey de los animales

León

Los leones son los únicos felinos que viven en familia formando una manada. Imagina lo divertido que debe de ser crecer junto a tantos amiguitos y con tan solícitas madres y tías.

A pesar de su fiero aspecto, no hay una mamá más dulce y protectora en toda la sabana y hace bien: al nacer, los leoncitos son muy frágiles, están ciegos y no pueden ponerse en pie ni caminar. Por eso, mamá leona toma muchas precauciones y cada dos semanas, se lleva a sus bebés a otro refugio. Es muy lista... ¡Así impide que puedan seguir su rastro con facilidad! Para llevar a sus pequeños de un lado a otro, los agarra por la nuca con la boca.

Cuando ya han pasado entre seis y ocho semanas, mamá leona regresa a la manada con sus hijitos. Los cachorros tienen mucho que aprender y será mejor hacerlo en familia. Una manada típica puede incluir uno o dos leones, seis leonas y todas sus crías. Los leones abandonan la manada a los dos años, pero las leonas se quedan con su familia.

Hasta los seis meses, el pequeño león mama, pero después empieza a comer carne y a partir del año, aprende a cazar con las leonas. Ellas les miman mucho: les dan lametazos y frotan su cabeza contra la de su hijo para mostrarle su cariño.

Orangután

En las selvas de Borneo y Sumatra hay ahora mismo unas cuantas mamás orangután cuidando de su pequeño... Te contamos todos sus secretillos familiares.

La señora orangután construye un nido estupendo a unos 30 m del suelo, para ponérselo difícil a los depredadores como los tigres. Allí arriba se muestran como ingenieras muy creativas y doblan ramas y las unen para hacer una base que luego completan con un colchón de cómodas hojas.

El embarazo de *madame* orangután es como el de los humanos: nueve meses. Y siempre tiene un solo hijito al que cuidará y mimará muchísimo. El pequeño estará dos años enteros en sus brazos, durmiendo con ella en el nido y mamando... ¡hasta los cuatro años!

Una cosa muy curiosa de los orangutanes es que poseen en cierto modo un lenguaje: la mamá puede emitir una especie de gruñido para llamar a su bebé, que significaría algo así como «ven aquí, peque», claro que en idioma orangután.

Los orangutanes son de los animales más listos que hay, así que mamá enseñará poco a poco a su retoño todas sus habilidades: usar herramientas, como por ejemplo un palo, para buscar comida, hacerse un paraguas con una hoja grande... Son tan inteligentes que algunos han aprendido a comunicarse con los humanos por medio de gestos.

Mamá e hijo mantienen el contacto afectivo toda su vida

Soy muy travieso y me encanta colgarme de las ramas, saltar y balancearme...

Cebra

Estos encantadores caballitos se turnan para vigilar y comer, duermen juntos para espantar las moscas del compañero con la cola y todos cuidan de sus bebés.

Si esperabas que el bebé cebra estuviese en blanco y negro, como todas las cebras comunes, te equivocaste: mientras están en el vientre de su mamá, son completamente oscuras y cuando nacen, las pequeñas cebras son marrones y blancas. Las rayas no son un capricho o una coquetería, sino que resultan muy útiles: les sirven para protegerse porque con tantas rayas los depredadores no saben muy bien cuántas cebras hay y les resulta difícil elegir una presa en todo ese lío de rayas. Además, los tábanos y las moscas tsé-tsé odian las rayas y no se posan (ni pican) en ese manto.

Como otros animales de la sabana africana, son familias en las que hay un solo macho que vive con unas seis hembras y sus crías. Todo lo tienen bien organizado: para moverse de un lado a otro, es la cebra más mayor y experimentada con sus crías la que abre camino, luego van las demás mamás cebras, de mayor a menor, con sus retoños y, el último, el macho. Sin embargo, el grupo no dura mucho, porque las cebras se independizan más o menos con un año. Si te parece pronto, piensa que juegan con ventaja: ya saben ponerse de pie y caminar a los pocos minutos de nacer.

Es habitual que las cebras se limpien unas a otras porque son muy sociables, pero desde luego, las mamás hacen la toilette de sus bebés a diario.

Mamá es negra con rayas blancas y yo, marrón con rayas blancas

Somos únicas: cada cebra tiene su propio patrón de rayas que es como su huella dactilar. No existen dos cebras iguales.

Suricata

He aquí una de las familias numerosas más simpáticas del mundo animal. Ten paciencia, porque para conocerla bien hay que escarbar un poco...

Piensa en una gran familia, pero grande, grande... ¡Pueden llegar a vivir en grupos de hasta 40 suricatas! Y como no son muy grandes ni muy fuertes, construyen sus casas bajo tierra para estar más protegidas. Son expertas excavadoras y hacen túneles enooooormes para ir y venir y en uno de esos túneles, ponen el nido.

Mamá suricata es la jefa del clan y suele tener tres suricatitas (pueden ser más) a las que las otras suricatas alimentarán con su leche hasta que puedan cazar y comer por sí mismas, ¡los bebés suricata tienen un montón de mamás adoptivas! Después de tres semanas, los peques pueden salir de la madriguera a conocer mundo.

Al crecer, las suricatas se pasan casi todo el día buscando insectos para comer y, por increíble que te parezca, les encantan los escorpiones... ¡Porque son inmunes a su veneno!

Para que los pequeños (y toda la familia) estén a salvo, las suricatas siempre tienen un centinela que se queda de pie sobre sus dos patitas observando con atención si alguien se acerca para avisar a las demás.

Soy muy famoso: uno de mi especie era el mejor amigo del Rey León

Los peques tenemos una suricata maestra que nos enseña a sobrevivir en el desierto

Búho

¿Crees que por tener costumbres nocturnas los búhos serán unos papás irresponsables y descuidados? ¡Nada más lejos de la realidad!

Cuando mamá y papá búho deciden tener hijos, buscan un buen lugar para el nido: a veces aprovechan la casa de otro animal que la haya abandonado, pero un hueco en el tronco de un árbol es perfecto. Mamá búho pondrá normalmente de dos a seis huevos aunque hay búhos que tienen familias muy numerosas: ¡hasta 14 hermanitos! La mamá los incubará sin descanso mientras papá búho busca y trae comida.

Más o menos un mes después, empiezan a abrirse los huevos y los búhos demostrarán que son unos padres ejemplares, pues les ayudarán y cuidarán con amor hasta que puedan valerse por sí mismos. Los bebés búho no son muy guapos al nacer (aunque suponemos que sus papás no opinan lo mismo), tienen un plumón corto y parduzco que pocas semanas después se transformará en un plumaje impresionante.

Papá seguirá trayendo comida y mamá regurgitará esos alimentos para dar a sus pequeños polluelos la papilla. Sin embargo, tres semanas después de nacer, las crías ya pueden comer solas y quieren salir a explorar fuera del nido, ¡qué aventureros!

Sus amorosos papás les ayudarán a ser intrépidos cazadores nocturnos dándoles lecciones prácticas de vuelo y caza hasta que tengan unos cinco meses y se marchen a vivir su propia vida.

Puedes encontrar búhos en todo el mundo, excepto en la Antártida.

El plumón no es un abrigo muy bonito, pero sí muy suave... ¿verdad que parezco un peluche?

Ciervo

Mamá cierva es muy previsora, de manera que elige tener a su cría siempre en primavera, que es la época en la que más alimento hay a su alrededor... ¡y además el bebé pasa menos frío!

Normalmente, la mamá cierva solo tendrá un cervatillo, aunque a veces pueden ser gemelos, pero es raro. Su hijito único será muy, pero muy mimado por la mamá, empezando por lavarlo a cariñosos lengüetazos en cuanto nace. Cuando ya lo tiene bien limpio, lo anima a ponerse de pie. El cervatillo es muy hábil y a las pocas horas ya da sus primeros pasitos.

Muchos depredadores tendrán ganas de comerse al pequeño ciervo, así que su mamá lo esconderá entre la maleza del bosque y aprovechará las manchitas de su pelaje para que pase desapercibido. Pero es que además la naturaleza protege a los pequeños: ¡resulta que los ciervos bebés no tienen ningún olor! Así no pueden seguir su rastro... ¡Qué práctico!

La mamá sale a buscar comida para ella, dejándolo escondido y seguro y luego vuelve para alimentarlo con su propia leche durante varios meses. Los cervatillos se quedarán con su mamá hasta los dos años, cuando ya puedan vivir solos. Todos los cervatillos nacen sin cuernos, pero los machos los desarrollarán con el tiempo. Eso sí, cada año cambiará su cornamenta, de manera que no son cuernos para toda la vida, sino solo para presumir cada temporada.

Los besitos de su mamá son la mejor manera de eliminar los parásitos.

Erizo

Mamá erizo tiene entre uno y 10 pequeñuelos en su madriguera. Imagínate el desbarajuste familiar que deben de tener los primeros días.

Las crías del erizo común están realmente indefensas. De recién nacidas son ciegas, no oyen, casi no se mueven y solo pesan entre 10 y 20 g... ¡como uno o dos lapiceros! Además, sus púas son blandas y de color blanco. A las dos semanas abren los ojitos y a las tres semanas salen de la madriguera a explorar un poco. Se alimentarán de leche materna el primer mes y las púas se les volverán oscuras y cada vez más duras y resistentes. Mamá erizo cree que sus retoños deben ser independientes, así que a los dos o tres meses deja que se marchen por su cuenta.

Mamá erizo es muy protectora, pero poco tiempo.

Cuando crece, el erizo es un tipo solitario que no tiene miedo de nada y es que está muy bien protegido, porque además de poseer unas 5 000 púas, puede hacer una bola perfecta con su cuerpo, ¿quién se atrevería a morder una pelota llena de picos? El erizo lo sabe y va muy seguro por el bosque.

No ve muy bien, pero tiene muy desarrollado el tacto y el olfato y sale por la noche a cazar. Tampoco es el más rápido, solo avanza 3 m por minuto, pero sí puede presumir de comer de todo: gusanos, culebras, ranas, ratones, castañas... ¡una dieta muy variada!

Para trasladarlos de un sitio a otro, mamá erizo lleva a los ericitos en la boca.

Te va a hacer gracia, pero es la verdad: cuando duermo... ¡ronco!

Jabalí

Esta familia de cerditos salvajes es muy peculiar y te va a dejar asombrado. Pero no aceptes si te invitan a comer, es probable que el menú no te guste mucho...

Es muy curioso, pero tanto el papá como la mamá jabalí no deciden tener bebés hasta que alcanzan determinado peso: a partir de 30 kg se consideran capaces de formar una familia y no antes. Y más curioso aún, el embarazo de la mamá jabalí dura exactamente 3 meses, 3 semanas y 3 días. Y por si fuera poco entre las curiosidades de este animal, las mamás de la misma manada procuran que sus pequeños nazcan a la vez... Quizá lo hagan para que tengan más amiguitos.

Papá y mamá jabalí hacen un nido bien cubierto con vegetación para que sus pequeños estén cómodos. Suelen nacer entre cuatro y seis hermanitos que tomarán leche materna durante tres meses, aunque a partir de la tercera semana empiezan a comer también alimentos sólidos y pasan a formar parte de los glotones oficiales... ¡Les encanta todo! Bellotas, semillas, trufas, papas y frutas, raíces y también ranas, ratones, conejos, insectos, caracoles y hasta carroña.

A los jabalíes les encanta revolcarse en el lodo, ¡qué divertido para los pequeñuelos!

A los jabalíes bebés nos llaman jabatos o rayones.

Mamá excava un hoyo y lo cubre con hojas: ¡el nido perfecto!

Las cinco rayas sirven para camuflarnos y al crecer, el pelo se nos vuelve rojizo.

Parte de mi mala fama viene por el cuento clásico de Pinocho, en el que aparezco como un malvado timador de niños.

Soy tan famoso que he sido el protagonista de muchas fábulas.

Zorro

Atención, porque pronunciar el nombre de este cachorrito te puede resultar bastante difícil... Repite conmigo: «se llama zorrezno».

Tienen fama de mentirosillos y astutos, pero no es verdad: los zorros son animales muy fieles y cuando mamá zorra escoge a papá zorro para formar una familia, permanecen juntos para cuidar mejor a sus pequeños.

Los papás preparan una madriguera bajo tierra, un lugar silencioso, oscuro, mullido y cálido para que nazcan sus bebés. El papá se encargará de traer comida y la mamá de cuidar a sus entre tres y ocho hijitos. Cuatro o cinco semanas después de nacer pueden salir de la madriguera con cuidado y vigilancia. A los dos meses son de color crema y poco después dejan de mamar y empiezan a comer un poco de todo: pájaros, ratones, conejos, reptiles, insectos y huevos. Si viven cerca de una ciudad, incluso hurgan en la basura... ¡o le roban la comida a las mascotas!

A los nueve o 10 meses, los zorros ya son mayores y se marchan cada uno por su lado a vivir su vida. Las parejas permanecen juntas solo para criar a los cachorros y el resto del tiempo son animales muy solitarios que no forman manadas para vivir en sociedad.

Los papás son muy juguetones y dulces con los peques.

Pingüino emperador

No te dejes engañar por este chiquitín porque al crecer se convierte en la especie de pingüino más grande, con hasta 1.20 m de altura y 45 kg de peso.

Su resbaladizo campo de juegos es el hielo de la Antártida, donde nace y pasa toda su vida. Mamá pingüino pone un único huevo y después de ese esfuerzo se queda casi sin reservas, así que tiene que irse un par de meses al mar para alimentarse, pero deja el huevo al cuidado de papá pingüino, que será el encargado de incubarlo.

Papá pingüino tiene una especie de bolsa o repliegue de piel cubierta de plumas encima de las patas, que es donde coloca el huevo para darle calor sin que llegue a tocar el suelo. Cuando el huevo se abre, este súper papi sigue dando calor y alimento al pequeño hasta que regresa la mamá. Entonces papá sale al mar a comer y es ella quien se encarga del polluelo. Desde ese momento, papá y mamá se turnan para cuidarlo.

Los pingüinos emperador viven en grupos o colonias y ya desde pequeños aprenden a ayudarse mutuamente. A partir de los 40 días, los polluelos forman una «guardería» donde se colocan muy juntitos para no tener frío y estar a salvo de los posibles peligros.

Nací con una capa de pelusa que se convertirá en unos meses en un plumaje juvenil.

Mi mamá regurgita el pescado que come y me lo da. Quizá te parezca asqueroso, pero es un menú riquísimo.

Soy uno de los bebés más regordetes del mundo animal, pero también uno de los más bonitos, ¿verdad que sí?

Tengo la mamá más atenta del mundo, pero solo durante un mes. Después me tengo que cuidar solo…

Foca

Cuando van a tener familia, las focas grises forman colonias en la costa y están allí el tiempo necesario hasta que el pequeño puede nadar y buscar su propia comida.

Para poder tener un bebé, mamá foca necesita acumular muchas reservas de grasa, de modo que las focas más gorditas serán las más guapas y atractivas para los machos, porque tienen el mejor físico para ser mamás. Viven en colonias que agrupan al macho con unas 10 hembras y sus crías.

Mamá foca tiene un hijo único que nace con el pelo blanco como la nieve y que se alimenta con leche materna. Este adorable bebé «solo» pesa 14 kg al nacer, pero claro, de adulto puede llegar a pesar hasta 400 kg... Lo conseguirá con la leche rica en grasas de mamá, que no comerá nada durante días para quedarse con el bebé.

Cuando la cría tiene más o menos un mes, su piel ya es impermeable y puede ir al mar y aprender a pescar. A pesar de su tamaño, las focas pueden nadar muy aprisa, a una velocidad media de unos 10 km/h con velocidades pico de más de 30 km /h.

Tortuga marina

La tortugas todo lo hacen despacito porque tienen mucho tiempo: pueden vivir más de 100 años, así que tampoco se dan prisa para ser mamás.

La «joven» mamá tortuga de 30 o 50 años llega a la playa a buscar el mejor lugar para poner sus huevos y ese lugar suele ser el mismo sitio en el que ella nació. Es decir, regresa a su playa de origen para tener a sus bebés. Con las aletas delanteras y traseras, la hacendosa mamá hace un agujero lo suficientemente grande en la arena como para que quepan todos los huevos (que pueden ser, según la especie, entre 80 y 130). Después, tapa los huevos con la arena que sacó y cuando acaba, está agotada y regresa al mar sin volver a preocuparse por sus hijos.

Los huevos permanecen enterrados durante unos 60 días y según la temperatura que haga, habrá más posibilidades de que sean machos o hembras: las chicas prefieren más calorcito que los chicos. Cuando estén preparadas, las tortuguitas romperán el cascarón y... ¡echarán a correr hacia el mar! Claro que una tortuga corre bastante despacio. Lo cierto es que muchos depredadores se comen los huevos antes de que se abran o atacan a las pequeñas tortuguitas antes de que lleguen al mar y por eso la precavida mamá pone tantos huevos: para asegurarse de que sobrevivan la mayoría de sus hijos.

Las tortuguitas «esperan» a que todos sus hermanitos nazcan para ir todos juntos hasta el mar.

Los huevos no tienen un cascarón duro sino que son flexibles. Así es más difícil que se rompan cuando caen sobre la arena.

Oso polar

Blancos como la nieve, estos preciosos cachorritos parecen muñecos de peluche con el mejor abrigo de piel del reino animal para sobrevivir en la región más fría del planeta.

Papá oso no es muy familiar. Normalmente persigue a la mamá un tiempo hasta que la conquista y luego se marcha y es mamá osa la que se encarga de todo. Para poder criar a sus cachorros, la osa necesita engordar unos 200 kg más de lo normal, así que pasa unos meses comiendo y, por fin, se encierra en su guarida excavada en el hielo a esperar el nacimiento.

Lo más común es que nazcan dos oseznos. Estos gemelitos son verdaderamente frágiles al nacer: no tienen pelo, son muy pequeños y están ciegos un mes, pero mamá es la más dulce y paciente, les dará calor y una leche muy rica en grasas para que sus oseznos se pongan fuertes y en pocos meses puedan salir de la guarida.

La feliz mamá los llevará sobre su lomo, les conseguirá comida (caza morsas, focas y delfines) y les enseñará todos los trucos y técnicas de caza para que poco a poco aprendan a sobrevivir solos. También jugará mucho con ellos: se acuestan en la nieve, ruedan y giran... ¡son tan encantadores! Pero cuidado, porque estas mamás son muy fieras si tienen que defender a sus hijos de cualquier peligro.

Cuando los oseznos tienen entre dos y tres años se convierten en osos jóvenes, dejan a su mamá y se van por su cuenta a vivir otras aventuras.

Soy tan ágil sobre el hielo como en el agua... Nado tan bien que puedo dormirme en el agua.

Un osito polar pesa unos 600 g cuando nace y al hacerse adulto pasa de los 300 kg. ¡Imagina todo lo que tiene que comer para crecer así!

Lémur

Te presentamos a una simpática familia que tiene su residencia en Madagascar. Sus habilidades trepando y saltando son tan grandes como el cariño con el que tratan a sus pequeños.

Los lémures son muy sociables. Viven en grupos de hasta 30 animalitos en los que las «jefas» son las hembras. Están muy unidos. Por las mañanas, toman el sol para calentarse y por las noches, se acurrucan todos juntos para no pasar frío en lo que se llama «bola de lémures».

Con este ambiente, la mamá lémur está muy protegida. Lo normal es que nazca un solo lémur, aunque a veces tienen gemelos. El bebé lémur nace con los ojos abiertos y es que esa penetrante mirada los caracteriza toda su vida. Durante las dos primeras semanas, el pequeñín va sujeto al vientre de su mamá y después irá sobre su espalda. Mamá es muy atenta, pero en realidad todo el grupo cuida a los pequeños como si fueran una gran familia.

Observa la ternura de mamá lémur con su bebé.

Hasta los dos meses, solo comerá la leche de su mamá, y luego, aunque seguirá mamando hasta los cinco meses, empezará a probar otros alimentos. No son muy exigentes, lo que más les gusta es la fruta y las hojas, pero también comen insectos. Su fruta favorita es el tamarindo.

Además de mi seductora mirada, tengo una laaaaaaarga cola anillada de hasta 60 cm de longitud.

Lémur en latín quiere decir «espíritu maligno» ¿Cómo podemos dar miedo? ¡Si somos adorables!

Koala

En mitad del bosque de eucaliptos, en Australia, tenemos una de las familias más encantadoras del mundo: estos animales que parecen peluches son los koalas y quieren conocerte.

Muy pocos animales son tan dormilones como el koala. Pueden pasarse 20 horas al día dormidos plácidamente en una rama. Este estilo de vida tan tranquilo es para ahorrar energía, ya que solo se alimentan de las hojas de eucalipto, una ensalada con muy pocas calorías.

Mamá koala no es muy sociable y solo tiene un bebé. Más de uno sería muy cansado para una mamá tan poco activa. El koala es un marsupial; es decir, nace prematuro y la mamá tiene una bolsa en la que el bebé koala pasa los seis primeros meses terminando de desarrollarse. Después, llevará a su hijo agarrado al pecho o montado sobre su espalda hasta que tenga un año.

El pequeño mama mientras está en la bolsa y después empieza a comer una especie de papilla de hojas de eucalipto que la mamá ha medio digerido primero. Koala, en el lenguaje aborigen, significa «que no bebe agua» y así es, el líquido que necesita lo saca de las mismas hojas que come.

¿Sabías que a todas las crías de los marsupiales se les llama «joeys»?

¡Qué siesta tan agradable! Dulces sueños, pequeño.

Canguro

Hablando de marsupiales, aquí tienes al más famoso de todos: el canguro. Esta mamá tiene un gran bolsillo en la panza para llevar a su bebé dando saltos sin ningún peligro.

El instinto maternal de mamá canguro es extraordinario. Cuando el bebé nace es pequeñísimo, mide tan solo 2 cm, no tiene pelo y es tan frágil que necesita el calor y la protección de la bolsa durante unos meses. Allí dentro, puede mamar y crecer tranquilo.

Los pequeños son muy curiosos y entre los seis y los ocho meses se aventuran a salir de la bolsa a explorar los alrededores, pero vuelven a ella para mamar hasta que tienen un año. Puede ocurrir que mamá canguro esté cuidando dos hijitos a la vez: uno fuera de la bolsa y otro más pequeño que ha nacido después y está adentro. Y es tan buena mamá que produce dos leches distintas, una para el mayor y otra para el pequeño, que no necesitan los mismos nutrientes.

El bebé que está en la bolsa no se cae incluso cuando la mamá da saltos (¡de hasta 3 m!) a toda velocidad (¡hasta 40 km/h!) mientras su hermanito mayor aprende a buscar comida (son vegetarianos). Eso sí, pueden estar varias semanas sin beber agua, porque toman los líquidos de las plantas que comen. Cuando crecen, los canguritos se incorporan al grupo, no les gusta vivir solos y forman grandes familias.

Mamá canguro asea al peque cada día dándole lengüetazos.

Qué buenas vistas tiene el pequeño canguro desde la bolsa, ¿verdad? Es mucho mejor que un paseo en la carriola.

Una mamá perra es tan buena que puede amamantar a un cachorro que no sea suyo... ¡e incluso de otra especie!

Solo necesito comida, una camita, pasear cada día, un cepillo para mi pelaje y... ¡tu cariño!

Perro

Si estás pensando tener un perrito, recuerda que es muy importante que al menos los tres primeros meses los pase con su mamá y sus hermanitos.

Cada familia de perritos es un mundo y dependiendo de la raza y del tamaño, podrán ser desde uno hasta más de 10 hermanitos. Por ejemplo, una bull terrier inglesa suele tener más de 10 hijitos, pero un husky siberiano como el de esta foto casi siempre tiene dos o tres. Lo que no cambia es el amor de sus mamás caninas.

La mamá perra lame al cachorrito en cuanto nace y lo protege siempre. Lo dejará mamar cuanto necesite y le dará calor con su cuerpo. Los primeros días no se separará de sus hijos más que para comer y hacer sus necesidades, porque hasta el día 14 los perritos ni siquiera abren los ojos.

Poco a poco, los cachorros empiezan a ser más independientes y se mueven alrededor de la mamá, que durante dos meses los amamantará. Después, empiezan a comer otros alimentos.

Esta súper mamá también jugará con sus pequeños porque es la manera de enseñarles a relacionarse con otros perros, animales de otras especies y seres humanos. A partir de los tres meses y hasta el año y medio, los cachorros se caracterizan por ser muy juguetones y traviesos: es el momento en el que pueden comerse las cortinas y los zapatos y habrá que empezar a enseñarles normas. Pero hazlo con paciencia y cariño, porque son tan tiernos...

Gato

Aunque hay gatas que han tenido nueve gatitos de golpe, lo normal es que la camada sea de entre cuatro y seis hermanitos... ¡suficientes para pasarla muy bien juntos!

Mamá gata es una madre estupenda que sabe perfectamente cómo cuidar a sus pequeños, pero su dueño puede ayudar un poco. En primer lugar, dale un lugar tranquilo incluso antes de que nazcan; puede ser una caja o un cesto grande, y pon dentro una manta suave, cálida y blanda. Además, pon el agua y la comida cerca y no te olvides del arenero donde la mamá pueda hacer sus necesidades. Si lo tiene todo cerca, estará más calmada.

Cuando los gatitos nazcan, la mamá los alimentará con su leche y los limpiará una y otra vez. Los gatos son muy limpios y esa buena costumbre de acicalarse con la patita cada día la aprenderán de su mamá y la cumplirán toda su vida. Cuando los gatitos se sostengan en pie, la mamá los lamerá desde la cabeza hasta la cola para animarlos a caminar.

A partir de los dos meses, los cachorros empezarán a comer comida para gatitos y a beber agua. Es un buen momento para que aprendan a usar el arenero. Si les das alguna golosina cuando lo hagan bien, aprenderán más rápido. Y, por supuesto, deja que los hermanitos jueguen juntos... ¡y juega tú con ellos si su mamá te deja!

Mamá gata puede trasladar a sus gatitos con la boca de un sitio a otro si no se siente segura.

Este adorable minino puede arañar el sofá y sacar todo el papel higiénico del rollo. Mejor ríete.

Los conejos son muy sociables. Se limpian unos a otros y les gusta dormir juntos para darse calor y compañía.

Los de raza toy o enanos son los preferidos como mascotas.

Conejo

Te presentamos a un amiguito muy suave que tiene la cola de pompón, largas orejas y dientes enormes y que pertenece a una familia muy numerosa.

Mamá coneja es una auténtica valiente: puede tener hasta 12 conejitos de una vez y siete u ocho camadas cada año. Se ha calculado que una coneja podría tener hasta 100 hijitos en un solo año, ¿te imaginas la vida con tantos hermanitos?

El truco es que el embarazo de mamá coneja solo dura un mes y los pequeños conejos crecen muy aprisa. La mamá busca una madriguera segura donde hará un nido para los pequeños. Es tan bondadosa, que muchas veces se arranca algunos pelos para hacerles una cama confortable.

Los cachorros de los conejos se llaman gazapos. ¿No te parecen tiernos?

Los conejitos nacen ciegos y sordos, sin pelo y dependen por completo de los cuidados de mamá. Pero dura poco. Solo 10 días después de nacer, ya les ha empezado a salir pelo, levantan las orejas y abren los ojos. Durante un mes, la mamá los alimentará con su leche, pero una cosa muy curiosa es que suele hacerlo solo dos veces al día y durante muy pocos minutos. Su leche es tan nutritiva, que es suficiente para los bebés.

Después, los conejos empiezan a comer por su cuenta todo tipo de hierbas, también les gusta la fruta y la verdura. Si tienes uno en casa, existe comida especial para conejos.

Pato

Seguro que has visto alguna vez a mamá pata balanceándose graciosamente hacia el agua seguida de su encantadora familia de patitos. Ven a nadar con ellos y descubre todos sus secretos.

Cada primavera, papá pato suele cambiar de color su plumaje porque quiere parecer más guapo. Este truco le funciona y es más fácil que encuentre novia si se viste de colores que llevando plumas oscuras y aburridas. Papá pato también se encargará de buscar un buen lugar para poner el nido de la familia y mamá pata pondrá un colchón de hojas. Ya está todo preparado para poner los huevos.

Papá pato ha terminado su misión y regresa al grupo, pero para mamá pata acaba de empezar el trabajo: ella incubará los huevos durante un mes dándoles su calor. En el nido puede haber entre cuatro y 12 huevos que empezarán a abrirse más o menos a la vez. Los patitos nacen con los ojos abiertos y en pocos minutos caminan detrás de su mamá.

Los pequeños pueden meterse en el agua y nadar bien, tienen un plumón amarillo con el que no les da frío, pero estarán aún dos meses al cuidado de mamá, hasta que les salgan las plumas y aprendan a volar. Entonces se despedirán de su mamá y se irán a vivir su vida.

El cuento de «El patito feo» es... ¡solo un cuento! No existen patitos feos, todos somos preciosos.

Les gusta mucho el agua y saben nadar y volar con elegancia... pero a cambio caminan con cierta torpeza, aunque se ven muy simpáticos.

Bebés igual de bonitos... ¡o más!

El reino animal está lleno de animales que resultan adorables cuando son pequeños, y no solo para su mamá, sino para cualquiera que los mire. En esta galería tienes algunos de nuestros favoritos...

Elefante

Tras ¡22 meses! de embarazo, mamá elefanta le dará a su bebé gigante hasta 10 litros de leche diarios. El resto de las elefantas de la manada, como buenas tías, le ayudarán a criar al pequeño.

Ardilla

Las ardillitas tienen entre uno y cinco hermanitos para jugar, pero pasan poco tiempo en familia porque en un año abandonan el nido y se marchan por su cuenta.

Oso panda

El osezno panda es uno de los bebés más bonitos del mundo, pero nacen muy pocos... ¡Protégelos siempre!

Tigre

Este gatito gigante pasa dos años aprendiendo y jugando con su mamá y sus hermanitos, pero el resto de su vida es un animal muy solitario e independiente.